BIBLIOTHÈQUE

RÉCRÉATIVE ET MORALE

POUR LA JEUNESSE.

M. DE SIMILOR

EN CALIFORNIE.

BIBLIOTHÈQUE RÉCRÉATIVE ET MORALE

POUR LA JEUNESSE.

Chaque ouvrage est illustré de nombreuses gravures et vignettes sur bois, et est cartonné avec soin, avec une charmante couverture imprimée en six couleurs différentes et spéciale pour chaque ouvrage.

1° LE PÈRE LA CRIMÉE, ou le Soldat honnête homme, illustré de 9 gravures à deux teintes et de vignettes sur bois ; *par A. C. Bouyer*. 1 très-beau volume petit in-4°, riche cartonnage, t. b.

2° TOTO-CABRI le jeune sculpteur, illustré de 9 gravures à deux teintes et de vignettes sur bois ; *par A. C. de St-Benoist*. 1 très-beau volume petit in-4°, riche cartonnage, t. b.

3° LA POUDRE MERVEILLEUSE DE PERLINPINPIN, 9 gravures à deux teintes. 1 beau volume petit in-4°, riche cartonnage, t. b.

4° LE PÈRE CONTE-TOUJOURS, 9 gravures à deux teintes. 1 beau volume petit in-4°, riche cartonnage, t. b.

5° LA FÉE SUCRÉE, ou LA NUIT DE NOËL, 9 gravures à deux teintes. 1 beau volume petit in-4°, riche cartonnage, t. b.

6° M. DE SIMILOR EN CALIFORNIE, 9 gravures à deux teintes. 1 beau volume petit in-4°, riche cartonnage, t. b.

M. DE SIMILOR

EN CALIFORNIE

PAR

M. C. DE SAINT-ESTÈVE.

Deuxième Édition.

PARIS

LIBRAIRIE DE A. COURCIER, ÉDITEUR,

RUE HAUTEFEUILLE, 9.

1856

M. DE SIMILOR

EN CALIFORNIE.

I.

L'ENFANCE D'UN GOBE-MOUCHE.

EQUEL de vous, mes enfants, ne connaît pas M. Similor, ou tout au moins quelque membre de sa nombreuse famille? Qui de vous ne l'a rencontré, lui ou l'un des siens, le nez au vent, l'œil arrondi, bâtissant sur le nuage qui court, ou sur l'eau qui coule, quelque château en Espagne, quelque chimérique projet?

Dès l'âge le plus tendre, M. de Similor annonçait le singulier caractère qui l'a distingué depuis. Toujours à l'affût des choses impossibles, toujours prenant les rêves les plus bizarres pour des réalités, vaniteux comme un paon et crédule à l'excès, lâchant la proie pour courir après l'ombre comme le chien du bon Lafontaine, on ne l'entendait parler que de trésors cachés, que de richesses mystérieuses. Je l'ai connu à l'école : il était externe, et c'était lui qui d'ordinaire se chargeait des achats que nous faisions en cachette. Similor nous faisait payer quatre sous ce qu'il achetait deux ; mais ce n'était pas par cupidité. S'il nous surfaisait si effrontément, c'était pour se procurer les moyens de faire ce qu'il appelait des spéculations infaillibles. Car Similor a le goût du commerce, bien qu'il n'y entende rien.

Un jour, il encombrait son pupitre de feuilles de mûrier et d'œufs de vers-à-soie, et, au lieu d'étudier ses leçons, il suivait avec anxiété les progrès de ses malheureux petits prisonniers, obligés de vivre, de manger et de filer sans espace, sans air et sans lumière. Il s'était figuré qu'il allait gagner des millions en élevant ainsi des vers-à-soie entre quatre planches.

Une autre fois, Similor accaparait tous les gâteaux, brioches, chaussons aux pommes, tartelettes aux cerises que nous vendait d'ordinaire la vieille Marguerite, bonne femme qui stationnait avec son éventaire sous les fenêtres de l'école. Similor se persuadait qu'il avait là en sa possession tous les gâteaux du monde et qu'il nous faudrait bien les payer à sa fantaisie.

Mais les pauvres vers-à-soie mouraient dans leur prison ou filaient quelques cocons misérables, et les brioches, chaussons aux pommes et tartelettes aux cerises se durcissaient et moisissaient faute d'acheteurs.

Similor avait encore un autre tic assez original. Il aimait à se couvrir de bijoux de clinquant, de montres à treize sous, de bagues à vingt-cinq sous enchâssées de pierres fausses. Peu lui importait que ses parures ridicules n'eussent aucune valeur, pourvu qu'on les crût de bon aloi, et il finissait lui-même par croire, à force de le dire, que sa grande chaîne en cuivre, dont il faisait parade, était de bel et bon or fin. En vain nous nous étions cent fois moqués de cette vanité puérile, en vain nous avions attaché un oignon à sa fameuse chaîne en guise de montre, rien n'avait pu le corriger.

Similor était le fils unique d'un petit marchand de vieux habits établi à la Rotonde du Temple, et il faisait passer ses parents pour de riches marchands de nouveautés.

Je me rappelle qu'un jour sa bonne femme de mère vint le demander pendant la récréation : elle était pauvrement vêtue et coiffée d'un mouchoir à carreaux. Quand elle fut partie, Similor, que nous commencions à plaisanter, nous répondit d'un air superbe :

— Messieurs, cette brave femme est une vieille domestique que mon père garde par considération pour ses services. Nous l'employons à la cuisine et aux gros ouvrages, car sa tenue ne permet pas qu'on l'admette au salon.

Voilà cependant jusqu'où peut conduire la vanité, à renier sa mère !

Notre temps d'école fini, nous nous étions perdus de vue, et je ne savais ce qu'était devenu Similor, quand un jour je le rencontrai, tout de noir habillé, reluisant de clinquant, selon son habitude, le nez en trompette plus que jamais et l'air affairé : il me confia tout d'une haleine, et en bégayant gravement de l'air le plus risible, qu'il avait perdu depuis quelque temps son père et que, resté seul au monde, héritier d'une fortune considérable, il cherchait à placer d'une manière avantageuse ses immenses capitaux.

Le fait est que Similor avait, par la mort de son père, hérité de quatre à cinq mille francs, montant de la vente des vieux habits de l'échoppe paternelle et de quelques économies faites par ses parents.

— Viens avec moi, me dit mon original, je vais

te faire part de mes projets ; je veux t'associer à ma nouvelle fortune. Si tu as quelques fonds à faire valoir, je puis, en quelques semaines, les faire décupler.

Heureusement pour moi, bien que j'eusse alors dix-huit ans environ, je n'étais pas libre de mes actions comme Similor. J'avais encore mes parents et je faisais modestement mes études en médecine. D'ailleurs, eussé-je eu une fortune indépendante, je connaissais trop mon homme pour partager ses folles illusions. Mais la curiosité me porta à le suivre.

— Mon cher, me dit Similor avec un sérieux imperturbable, me voyant possesseur d'une grande fortune, j'ai longtemps hésité sur l'emploi que j'en devais faire. J'ai eu un moment l'idée d'élever des lapins en grand ; mais il paraît qu'on ne peut guère se faire par là que trois mille livres de rente. C'était une spéculation indigne de moi. Puis, un monsieur fort bien couvert m'a proposé d'établir une ligne de ballons à vapeur entre Paris et la Chine ; je lui ai avancé quelque argent pour les expériences ; mais, chose singulière, je n'ai plus entendu parler de lui. Tout cela, continua-t-il, n'est rien auprès de ce que je veux faire aujourd'hui. Regarde, me dit-il en se pendant aux boutons de mon habit, car Similor est de très-petite taille et cherche toujours à se hausser et à se grandir comme s'il voulait monter au mât de cocagne, regarde ; et il tira de sa poche une dizaine de billets. Voici les dix plus gros lots gagnants de la loterie des lingots d'or. Parmi ces billets, un seul vaut quatre cent mille francs : c'est le numéro 33,333. Cette fortune une fois réalisée, je m'embarque pour la Californie, j'y recrute dix mille ouvriers, je fais fouiller dix lieues de terrain et j'y récolte assez d'or pour acheter, si je le veux, un royaume tout entier. Voyons, veux-tu t'embarquer avec moi, je te fais mon majordome et je te donne une part dans les bénéfices ?

— Mais, mon cher Similor, lui répondis-je naïvement, il me semble que la loterie des lingots d'or n'est pas encore tirée.

— Bagatelles ! reprit vivement mon fou, je tiens ces billets d'une somnambule célèbre qui me les a vendus dix francs pièce au lieu de vingt sous. Les somnambules, comme tu le sais, ne se trompent jamais. Mes billets sont de l'or en barre.

Je compris alors que ce pauvre Similor était dupe d'une friponne et qu'il avait été volé par la somnambule, comme par l'inventeur des ballons à vapeur de Paris en Chine. Je ne pus m'empêcher de sourire, et Similor, se haussant sur ses talons, me quitta d'un air froid et pincé.

A quelque temps de là, comme je passais sur les boulevards, j'entendis crier :

— A deux sous, qui veut la liste des numéros gagnants de la loterie des lingots d'or, à deux sous !

La curiosité me prit et je voulus voir si par hasard la chance n'aurait pas favorisé mon gobe-mouches ; j'achetai une liste et je vis, pour le gros lot, un numéro qui ne ressemblait en rien au fameux numéro 33,333 qui m'était resté dans la mémoire.

Comme je continuais mon chemin, je rencontrai

Similor lui-même. Il était jaune, triste et abattu. Son nez en trompette semblait faire effort pour se courber piteusement vers la terre. Il tenait entre ses mains la fameuse liste. Du plus loin qu'il m'aperçut, il accourut vers moi :

— Eh bien ! me dit-il en bégayant encore plus drôlement qu'à l'ordinaire, eh bien ! la mi... mi... la misérable so... so... somnambu... bule, elle m'a trom... trompé.

Pour vous faire grâce de son langage ridicule, je vous dirai que Similor, furieux de ce désappointement, venait de se confirmer dans sa résolution de partir pour la Californie.

— Qu'importe, me dit-il, si je ne puis entreprendre mes fouilles sur des proportions colossales, j'ai au moins de quoi réaliser seul d'immenses profits. Je vais arrêter ma place pour le Havre, et le premier bateau m'emmènera au pays de l'or. Fais comme moi, mon cher, et, dans un an au plus tard, nous reviendrons millionnaires.

Vous pensez bien que je n'acceptai pas sa proposi-

tion ; je lui souhaitai bonne chance et nous nous quit-
tâmes. Je n'aurais peut-être jamais su ce qu'était
devenu ce singulier petit chercheur de trésors, si l'un
de mes anciens amis d'enfance, revenu de San-Francisco, où il occupait un emploi dans le consulat
français, ne m'eût raconté l'odyssée de Similor.
C'est grâce à lui que je puis vous la raconter à mon
tour.

II.

VOYAGE A LA RECHERCHE D'UN MILLION.

E fut donc avec le reste de sa petite fortune, déjà passablement écornée, que Similor prit au chemin de fer une place pour le Havre. Comme quelques braves émigrants allemands regardaient, bouche béante, toute sa bijouterie de clinquant, notre vaniteux ne crut pouvoir moins faire que de crier le plus haut qu'il put au bureau de la gare :

— Une pre… pre… mi… mière, s'il vous plaît-
plaît.

Et il se retourna, tout gonflé de satisfaction d'a-
voir prouvé à ces braves gens qu'un homme comme
lui ne voyageait qu'aux premières places.

Confortablement assis sur le coussin élastique de
la voiture, Similor vit bientôt monter à côté de lui
un grand et gros homme à favoris noirs, à face rubi-
conde. C'était un Marseillais, beau parleur et van-
tard, mais en même temps flatteur et mielleux
comme un faiseur de dupes. Similor n'eut pas passé
un quart d'heure en compagnie du Marseillais qu'il
lui apprit le but de son voyage, ses projets gigantesques, son récent héritage dont il enfla singulière-
ment le chiffre. Quant au Marseillais, il était capitaine au long cours et allait au Havre prendre le
commandement d'un bâtiment en partance pour la
Californie.

— Vraiment, s'écria le gros homme en flairant
une dupe dans son compagnon de voyage, vous me
revenez, monsieur de Similor, et je serái vraiment

ravi de vous piloter en Californie. J'ai, en rade du Havre, le plus beau trois-mâts qui se puisse voir. Vous serez là comme un prince. C'est un peu cher, peut-être, mais un homme comme vous ne regarde pas à ces misères pour être traité comme il le mérite.

M. de Similor se rengorgea, et déclara qu'un homme comme lui n'était pas fait pour marchander. Arrivé au Havre, il s'installa dans la cabine du fameux trois-mâts, qui n'était autre chose qu'un brick en fort mauvais état destiné à être abandonné à San-Francisco, si tant était qu'il y pût arriver.

On partit, après que Similor eut laissé entre les mains du gros capitaine la meilleure part de ce qui lui restait. « Mais, se disait-il, me voilà donc enfin sur la route de la fortune! Dans un mois, je serai dans ce bienheureux pays où il n'y a qu'à se baisser pour remplir ses poches. » Et il se consolait par des illusions nouvelles des désagréments nombreux d'un voyage sur mer.

Le navire était en si piteux état, qu'il fallut, au

premier vent contraire, relâcher aux îles du Cap-Vert. L'empressé capitaine se hâta de présenter à quelques négociants de ses amis l'illustre marquis de Similor, homme puissamment riche, et qui allait, disait-il, fonder en Californie un établissement gigantesque. Similor ne pouvait manquer de payer sa bienvenue en homme de distinction : il fit une nouvelle brèche à sa bourse qui s'amaigrissait visiblement.

Enfin, après une mortelle navigation de cinq mois, il entendit un matelot crier : Terre ! et il vit se dérouler devant lui l'admirable panorama de la rade de San-Francisco. C'était une forêt de mâts de vaisseaux, derrière laquelle s'étendait en cercle une vaste plage couverte de maisons de bois. Une véritable fourmilière d'hommes de toutes les nations, de tous les costumes, s'y agitait. Il y avait là des Anglais flegmatiques et actifs tout à la fois ; des Français turbulents et faisant plus de bruit que de besogne ; des Allemands, des Espagnols, et jusqu'à des Chinois, avec leurs petites robes et leurs longues queues.

Vingt barques accostèrent le brick qui apportait Similor et sa fortune en espérance. L'impitoyable capitaine marseillais présenta notre voyageur à un des patrons de ces barques, en lui disant :

— Je vous recommande M. le marquis de Similor, noble français qui vient ici récolter des millions. Il a la bourse bien garnie et la générosité d'un véritable gentilhomme. Conduisez ses bagages et sa noble personne dans le meilleur hôtel de San-Francisco.

Similor toucha bientôt terre, et ses malles furent portées à l'hôtel de l'Étoile, sorte de grande baraque en bois divisée en une multitude de petites cases, longues de six pieds sur tous les sens, et où le lit et les meubles brillaient par leur absence. Il fallut donner cent francs pour le transport. Similor frémit intérieurement ; à ce train-là, il ne pourrait pas vivre deux jours en Californie.

Ce fut pis encore quand le maître d'hôtel lui annonça respectueusement que M. le marquis paierait deux cents francs par jour pour son logement et sa nourriture. Similor se garda pourtant de montrer sa consternation, et il prit superbement possession de la boîte de bois qu'on décorait du nom de chambre.

Quand il fut seul, il se livra à ses réflexions, et je dois dire qu'elles n'étaient pas couleur de rose. Ce qu'il y avait de plus clair, jusqu'à présent, c'est que, dans ce pays si vanté, il fallait apporter beaucoup d'or pour y vivre fort mal. « Mais, se dit notre lunatique, l'essentiel est que j'y sois arrivé. Si le moindre service coûte si cher ici, c'est que l'or s'y ramasse à la pelle. » Il reprit un peu de courage et sortit.

M. Similor, au milieu de ses rêves burlesques, avait fait, je vous l'ai dit, de fort mauvaises études. Il savait assez mal le français : ce n'était pas pour comprendre les langues diverses de cette nouvelle tour de Babel. Coudoyé, pressé, poussé par des milliers d'hommes affairés, malpropres, et qui, pour comble de mésaventure, ne faisaient aucune attention au costume pimpant, aux bijoux et aux verroteries du Français, M. Similor ne savait où donner de la tête, quand il entendit enfin deux hommes qui parlaient sa langue. L'un de ces hommes, vêtu d'un costume de drap gris grossier, portait aux jambes de longues guêtres de cuir, sur les épaules une forte blouse de coutil gris serrée par une ceinture, un fusil à deux coups, une bêche et une pelle, le tout évidemment neuf. L'autre, hâve, déchiré, avait un costume à peu près semblable, mais rudement endommagé. Ce dernier disait à son compagnon :

— Oui, Lacroix, deux mois de campagne aux placers, quinze heures de travail par jour, la tête au soleil et les jambes dans l'eau, pas un morceau de pain pendant toute la campagne, et pour récolte, environ deux mille francs d'or gagnés à force de fatigues et pour lesquels il m'en a fallu dépenser au moins quinze cents ! Et je ne suis pas le plus malheureux. J'en connais qui reviennent sans un sou vaillant, sans parler de tous ceux dont les os blanchissent le long de la rivière. Ah ! mon pauvre Lacroix ! que je voudrais donc être encore à Paris ! Là, au moins, nous gagnions tout doucement notre vie.

M. Similor, tout déconcerté d'une semblable perspective, s'approcha au moment où le chercheur d'or désappointé s'éloignait en souhaitant bonne chance à son ami.

— En vérité, M. Lacroix, mon cher compatriote, dit en bégayant notre héros, votre ami n'est pas encourageant, et s'il fallait l'en croire, il n'y aurait plus qu'à repartir plus vite qu'on est venu. On dit cependant là-bas bien des merveilles de ce pays-ci.

— Monsieur, répondit le Français, il y a du vrai et du faux dans tout cela. Quant à moi, je ne me décourage pas. J'ai une santé de fer, un bras vigoureux. Il y a de l'or là-bas, et je suis sûr d'en avoir ma bonne part. Mais vous-même, est-ce que vous prétendez aller aux mines dans ce costume extravagant, souliers vernis, habit étriqué, pantalon noir, chapeau de soie et breloques? Mais non, sans doute, vous êtes plutôt commis de négociant, ou, qui sait? artiste, musicien, saltimbanque.

Et comme M. Similor se rengorgeait d'un air de dignité blessée :

— Ah! Monsieur, reprit le Français, ne vous figurez pas qu'on ait ici les préjugés de l'Europe. Tout

est bon pour gagner sa vie, et je voyais tout à
l'heure, au café de l'Union, un garçon servant du
café et des liqueurs, que j'ai connu à Paris l'un des
plus élégants dandys du boulevard des Italiens.
M. Similor, un peu décontenancé, eut le bon sens
d'expliquer au Français Lacroix sa position, qui n'é-
tait pas des plus brillantes.

— Vous n'avez plus que trois cents francs, et vous
logez à l'hôtel de l'Étoile ! s'écria en riant Lacroix.
Prenez-moi vite, dans vos malles, les hardes les plus
fortes et les plus grossières que vous y trouverez.
Changez-moi ce chapeau, ce gilet, ces souliers, cette
bijouterie inutile, contre la veste, les guêtres, le chapeau et la bêche d'un chercheur d'or plus heureux
que les autres, et partons ensemble. Chaque heure
coûte trop cher à San-Francisco.

M. Similor écouta les conseils de son nouveau
compagnon, et, une heure après, assez mal équipé,
mais plein d'espérance, il prenait avec lui le chemin
des mines.

III.

LES TRIBULATIONS D'UN CHERCHEUR D'OR.

L fallut trois grandes journées à M. Similor et à son compagnon pour arpenter la vallée du Sacramento, en remontant le long des bords du fleuve. Le soir, on faisait un maigre repas de biscuit dur et de viande salée, on buvait une gorgée d'eau, et on s'étendait sur l'herbe, couvert d'une mince couverture. M. Similor, accoutumé à coucher dans un bon lit, avait déjà une courbature.

Le quatrième jour, nos voyageurs arrivèrent aux placers : c'est ainsi qu'on appelle les mines. Ces placers ne sont, à vrai dire, que des endroits où le fleuve fait des coudes, et où, en détournant l'eau, on peut isoler une partie de son lit. Il y avait là quantité de trous et une foule d'hommes échelonnés tout le long des bords, les uns piochant, les autres ramassant des pelletées de sable, les autres enfin agitant ce sable dans de grandes corbeilles de bois et le lavant à grand renfort d'eau. De temps en temps, à la fin de ce travail pénible, le laveur trouvait au fond de sa corbeille quelques paillettes brillantes qu'il serrait précieusement dans un étui pendu à son cou.

Du plus loin que tous ces travailleurs acharnés aperçurent nos deux voyageurs, ils se mirent sur leurs gardes, quelques-uns même armèrent leurs carabines.

— Passez au large! criaient-ils dans toutes les langues.

Et cette fois M. Similor ne comprenait que trop bien ce qu'ils voulaient dire.

— Il n'y a rien à faire ici pour vous, ajouta un Français qui reconnut des compatriotes, tous les trous sont occupés, et on ne vous laisserait pas en faire d'autres, car chaque trou est la marque d'une place qui s'étend en avant et en arrière.

— Mais, au moins, dit Lacroix, pourriez-vous nous dire s'il y a de la place plus haut et si la récolte est bonne?

— Il vous faut remonter à trois grandes lieues d'ici, reprit l'autre, il y a moins de travailleurs, car la place est moins avantageuse. Quant à nous, nous avons fait quelques onces d'or après beaucoup de fatigues.

On leur montra cependant un trou énorme occupé par cinq Américains, cinq frères, d'une taille colossale, armés jusqu'aux dents, pourvus de tous les outils nécessaires, et qui avaient déjà trouvé quelques pépites ou morceaux d'or de la grosseur du doigt. C'est qu'en effet, là comme ailleurs, l'union fait la force. Mais cette union n'est possible qu'entre parents, et il est bien rare, en Californie, de voir des associés qui, au bout de quelques jours, ne se soient pas abandonnés ou trompés.

M. Similor et l'infatigable Lacroix reprirent donc leur chemin vers le haut de la vallée, et, le soir tombé, ils purent enfin s'arrêter devant une place qu'on ne leur disputait pas. Ils firent leurs préparatifs pour passer la nuit, et il fut convenu que chacun d'eux veillerait à son tour pour la sûreté commune. Voilà donc M. Similor en faction, ayant au bras un fusil aussi grand que sa petite personne, et écarquillant ses yeux dans l'obscurité pour découvrir les ennemis à distance.

Il y avait déjà quelque temps qu'il était dans cette position pénible, n'entendant d'autre bruit que les ronflements sonores de son compagnon, lorsque, tout à coup, il aperçoit deux yeux brillants fixés sur lui dans les ténèbres. La peur le prend, il recule insensiblement, le pied lui manque, et il s'étend tout de son long dans un trou en criant : Au secours, à la garde ! absolument comme s'il était poursuivi par quelque malfaiteur dans les rues de Paris.

A ce vacarme, Lacroix s'éveille, saute sur son fusil, cherche à voir ce qui se passe, et n'aperçoit qu'un chien maigre, affamé, abandonné sans doute par quelque mineur, et qui faisait sa ronde, attiré peut-être par l'odeur de la viande salée et du biscuit. Lacroix étend par terre l'animal d'un coup de fusil et va relever en riant son compagnon, dont la terreur est arrivée à son comble. M. Similor s'est persuadé que le coup de feu qui vient de partir est dirigé contre sa précieuse personne, et il s'agite en criant dans son trou, la tête en bas et les jambes en l'air.

— En vérité, M. Similor, dit Lacroix à son burlesque associé quand la panique fut passée, vous me paraissez un camarade assez inutile en cas de danger. Si les Indiens venaient à nous attaquer, que feriez-vous donc, vous qui tremblez pour un chien maigre?

La nuit se passa sans nouvelles alarmes, si ce n'est que M. Similor, en se couchant à son tour, hurla d'effroi en sentant glisser entre ses jambes un serpent dérangé dans sa retraite de sable.

Le lendemain, on se mit bravement à l'ouvrage. Les songes dorés de la nuit avaient un peu remonté le courage de notre héros : mais ils n'avaient pas eu le pouvoir de rendre l'élasticité à ses reins et à ses jambes. Quant à Lacroix, gai et dispos, il eut bientôt pratiqué un trou dans le sable, et, tirant de son sac une grande sébile en bois, il la remplit de sable que M. Similor fut chargé de laver. Au bout de plusieurs heures de ce fatigant exercice, soit que notre apprenti s'y prît mal, soit que la place fût mauvaise, pas une paillette d'or n'avait été récoltée.

L'heure du déjeuner venue, le pauvre Similor s'assit découragé, courbatu.

— La voilà donc, s'écriait-il piteusement, cette terre de bénédiction dans laquelle il suffit d'enfoncer la pioche pour trouver une fortune ! Croyez donc aux balivernes des journaux et aux mensonges des voyageurs ! Ah ! pourquoi ai-je quitté Paris et l'asphalte des boulevards ? Là, du moins, il n'y a ni chiens affamés, ni serpents, ni Indiens, ni carabines chargées, et je gage qu'on y pourrait trouver plus d'or que dans ce sable de malheur.

— Toutes vos doléances ne vous donneront pas une paillette, répondit Lacroix, qui avait lestement dépêché son déjeuner. A l'ouvrage! et choisissons une autre place..

Après plusieurs autres essais infructueux, nos travailleurs furent enfin plus heureux, ils trouvèrent quelques parcelles brillantes au fond de la sébile. A cette vue, M. Similor sentit renaître toutes ses espérances et sa tête s'enflamma de nouveau.

— Enfin, s'écria-t-il avec force gestes comiques, enfin nous te tenons, métal divin que recherchent les désirs de tous les hommes! Encore quelques efforts, peut-être, et nous allons tirer de ce sable fécond des trésors incalculables. Qui sait? peut-être y a-t-il quelques pépites gigantesques, dont une seule suffirait à la fortune la plus brillante. Ah! Paris! ingrat Paris! où un homme comme moi n'a pu se faire apprécier faute d'un peu d'or, tu me reverras bientôt, foulant tes pavés d'un pied superbe, ou faisant voler la poussière sous les pieds de mes chevaux fougueux.

Et M. Similor, allait s'asseoir, pour rêver à son aise à l'emploi de son immense fortune, aux châteaux, aux hôtels qu'il achèterait à son tour, à la livrée splendide des valets nombreux qui s'inclineraient sur son passage en attendant ses ordres, quand le sage Lacroix le réveilla par ces paroles :

— Allons, allons, M. Similor ! un peu moins d'enthousiasme, et continuons notre travail. Voici la nuit qui vient, et à ce train-là nous n'avançons guère.

La nuit vint, en effet, et les deux chercheurs interrompirent leur travail, un peu encouragés par le résultat de la journée. Si on n'avait pas trouvé beaucoup d'or, au moins en avait-on trouvé. Le soleil levant vit nos deux associés sur pieds, et ils reprirent avec ardeur le lavage de leur sable. A la fin de la seconde journée, ils avaient récolté à eux deux environ pour cinq francs d'or, c'est-à-dire à peu près vingt-cinq sous par personne et par jour. Évidemment, ils n'étaient pas là sur le chemin de la fortune, et il n'était pas besoin de faire un si long voyage et de piocher la terre pour gagner pareille somme.

Lacroix fit froidement le partage de la récolte des deux jours, boucla son havresac, assura sa pioche et son fusil sur l'épaule, et regardant du haut de sa grande taille le pauvre M. Similor :

— Camarade, lui dit-il, nous nous séparons ici. Je vais chercher un associé plus courageux et plus travailleur que vous. Je n'aurais avec vous que l'agréable perspective de mourir de faim ensemble. Bonne chance, et au revoir !

Et il s'éloigna à grands pas.

Le pauvre Similor, resté seul, comprit sa triste situation. Ce qu'il n'avait pu faire avec un vigoureux et résolu compagnon, comment le ferait-il seul, lui peu habitué au travail et d'ailleurs dépourvu des choses les plus nécessaires? Et comment se défendrait-il contre ceux qui viendraient l'attaquer? Il avait quelque deux cents francs en poche, quelques outils, un fusil : avec cela, un autre eût essayé de se tirer d'affaire. Mais lui n'avait de ressources que ses illusions ridicules et de résolution qu'en paroles. Il s'assit donc sur le sable et se mit à rêver tristement.

Comme il était plongé dans ses méditations, un léger bruit se fit entendre, comme celui d'un pas furtif grinçant sur le sable. Similor se retourna tout effaré, car, dans ce désert, un homme ne pouvait guère être un ami. Que devint-il quand il aperçut un canon de carabine dirigé contre lui et l'œil ironique d'une sorte de bandit en haillons qui s'était approché, pieds nus, de son havresac et de ses armes! Il n'était plus temps de se mettre sur la défensive, et d'ailleurs, en eût-il eu la pensée, Similor tremblait trop pour l'essayer.

— Bas les armes! cria, en mauvais français, le brigand.

C'était un de ces rôdeurs qui courent les placers et qui aiment mieux dévaliser les travailleurs que de travailler eux-mêmes. Il se jeta sur le fusil de Similor, et, voyant son adversaire désarmé, il le considéra d'un air narquois. A voir la petite taille, l'aspect terrifié de notre héros, il eut bientôt reconnu qu'un pareil homme ne pouvait être dangereux. Aussi, jetant sa carabine sur l'épaule, il commença tranquillement l'inspection du havre-sac. Il en retira complaisamment les écus d'or qu'il enfouit immédiatement dans sa vaste ceinture : puis, il s'assit sur le sable, tout en ayant le soin de garder sa carabine à portée de la main, et il se mit à dévorer plutôt qu'à manger les provisions de Similor, qui le regardait de l'air d'une souris entre les griffes d'un chat.

Son repas fini, le rôdeur boucla le havresac, s'empara, sans en demander la permission, du chapeau à larges bords, de la blouse, des outils et des guêtres du petit homme et lui souhaita bon voyage en ricanant.

Voilà donc notre pauvre fou dépouillé de tout ce qu'il possède, abandonné dans un désert, avec la consolante perspective de mourir de faim ou d'être dévoré par des bêtes sauvages. De retourner à San-Francisco, il n'y avait pas à l'espérer, sans vivres, sans armes et sans argent : car, on le sait, les mineurs ne se secourent guère entre eux. C'est pour le coup que Similor put s'écrier douloureusement :

— Ah ! Paris, Paris, pourquoi t'ai-je quitté pour courir après des chimères? Je ne te reverrai plus jamais !

Et le pauvre petit homme se tordait les mains d'un air désespéré. Sa cervelle, déjà un peu faible, semblait se détraquer, et ses gestes égarés l'eussent fait prendre pour un fou, s'il y avait eu là pour l'observer autre chose que les oiseaux du ciel ou les sauterelles tapies sous l'herbe desséchée. Il semblait que rien ne pût accroître le malheur de Similor, quand un galop de chevaux se fit entendre sur le sable, et un parti d'Indiens, cachés jusque-là derrière un monticule de sable, se dirigea vers lui à toute vitesse.

Pour le coup M. de Similor perdit tout à fait la tête : il se jeta à genoux, bégayant, frappant des mains l'une contre l'autre et, enfin, s'enfonça la tête dans le sable, comme pour ne pas voir ses meurtriers. C'étaient d'affreux visages que ceux de ces sauvages à moitié nus, aux joues peintes, à la longue mèche de cheveux ornée d'une touffe de plumes de diverses couleurs. Ils portaient d'é-normes lances de bois léger et des arcs sur lesquels s'appuyaient de longues flèches empennées de rouge et de noir.

A la vue des contorsions de Similor, ces sauvages s'arrêtèrent, craignant une ruse de guerre : mais, rassurés bientôt devant ce singulier petit homme sans armes, à peine vêtu, ils décrivirent un grand cercle autour de lui, examinant ses gestes, écoutant son bégayement confus et qui ne ressemblait à aucune des langues que l'on parle dans les mines. Tout à coup, le chef s'arrêta, sourit gravement, descendit de cheval et s'avança seul vers Similor, en prenant seulement la précaution de s'assurer si son couteau jouait librement dans la gaîne. Il toucha légèrement du doigt l'épaule de Similor, qui bondit en poussant des cris féroces.

Il avait entendu parler de ces terribles Indiens qui scalpent leurs ennemis vaincus, et déjà il croyait sentir le froid de l'acier sur sa tête.

Il se trompait : le colossal Indien se contenta de relever le petit homme d'un seul effort, le considéra gravement, et, comme confirmé par cette inspection dans ses pensées secrètes, le prit sous le bras comme nous ferions d'un petit enfant et remonta à cheval avec son singulier fardeau. Sur un signe du chef, la bande reprit le galop et s'enfonça dans le désert.

Voici ce qui avait sauvé M. de Similor. Les Indiens, dépossédés de leurs terrains de chasse et décimés par les Européens chercheurs d'or, ne font pas volontiers grâce à un seul de leurs ennemis à peau blanche. Mais ces peuples sauvages ont l'habitude de respecter les fous comme des œuvres mystérieuses de la Divinité, et ils se figurent qu'un homme privé de la raison porte bonheur à la tribu qui le possède. D'ailleurs, à leurs yeux, tout Européen est médecin ou sorcier, ce qui, pour eux, revient au même. A ce double titre, le singulier petit homme avait droit aux attentions des Indiens dont il venait de faire la rencontre.

M. de Similor, après une course haletante de plusieurs heures, se trouva donc installé dans la tente du chef Acataméha, à la grande joie de tous les sauvages qui entouraient leur prisonnier en poussant des cris bruyants et en faisant des contorsions de plaisir qui ajoutèrent encore à l'épouvante du pauvre chercheur de trésors. Il s'imagina qu'on allait le manger et il se livra à des démonstrations d'effroi si comiques, que le respect et la joie des sauvages s'en augmentèrent encore.

Un vieil Indien s'approcha de lui, le déshabilla gravement, lui fit revêtir une sorte de cotte de plumes tressées et reliées entre elles au moyen de nerfs de daim : puis, il peignit le visage du prisonnier de lignes bizarres, rouges, noires et bleues. On le débarrassa ensuite de sa chevelure, moins une grosse mèche qui fut entourée d'un ruban et ornée d'une belle touffe de plumes rouges. M. de

Similor ainsi déguisé en sauvage fut ensuite promené dans le grand cercle formé par les tentes de la tribu et salué par les acclamations enthousiastes des guerriers, des femmes et des enfants.

Il lui fallut bien comprendre qu'on n'en voulait point à sa vie et il reprit un peu courage, quand il vit l'air bienveillant avec lequel le considéraient ses nouveaux compagnons. Mais tout n'était pas fini. Le chef s'approcha, prit gravement la main de M. de Similor; la porta à son front d'un air respectueux et lui montra une tente plus haute que les autres, vers laquelle il se dirigea en lui faisant signe de le suivre. Similor obéit et trouva dans la tente, couchée sur une peau de daim, une petite fille aux joues pâles et maigres. Le chef montra du doigt ce petit être à Similor, fit le geste d'un homme qui tâte le pouls d'un malade et s'assit tranquillement.

M. de Similor reconnut qu'il était élevé au rang de médecin ordinaire de la tribu et qu'il lui fallait tenter la guérison de la petite fille. Mais s'il allait échouer, sans doute le terrible Acataméha le punirait de sa maladresse. M. de Similor comprit pourtant qu'il fallait se résigner à son rôle. Il tâta le pouls de la petite fille, fit quelques contorsions, bégaya quelques paroles inintelligibles qui plongèrent le chef dans l'admiration la plus profonde, et, comme la petite malade avait une forte fièvre, il se décida à la saigner. Prenant donc la lame acérée et pointue d'un couteau à scalper pendu avec les autres armes du chef à la cloison de la tente, il ouvrit heureusement la veine de l'enfant, laissa couler le sang pendant quelques minutes et banda la petite plaie. La malade, un peu affaiblie, s'endormit aussitôt : à son réveil, la fièvre était tombée, et la maladie paraissait vaincue.

Quand l'enfant eut repris des forces et fut en état de marcher, le chef, que cette cure avait rempli d'admiration et de reconnaissance pour le prétendu médecin, le conduisit en présence de tous les guerriers de la tribu vers une tente presque aussi haute que la sienne. C'était la demeure destinée à M. de Similor. Une fête solennelle fut donnée en l'honneur de l'habile médecin blanc, et, après un repas copieux préparé par les femmes de la tribu, les guerriers exécutèrent autour de M. de Similor les danses les plus variées.

Tout ceci se passait quelques jours après la séparation de M. de Similor et de son compagnon de rencontre, le mineur Lacroix. Celui-ci avait, on se le rappelle, remonté les bords du Sacramento et il avait fini par rencontrer une compagnie de mineurs associés à laquelle il s'était joint pour le lavage de l'or. Le lendemain du jour où il avait laissé seul le pauvre M. de Similor, Lacroix avait été attaqué par un parti d'Indiens : il avait fait bonne contenance, et son fusil les avait tenus en respect jusqu'à l'arrivée de ses nouveaux compagnons, qui, par une décharge générale, avaient mis les sauvages en fuite.

Comme une semblable attaque pouvait se renouveler et menacer les travaux des placers, on avait résolu d'envoyer Lacroix et une vingtaine d'autres chercheurs d'or résolus et bien armés à la rencontre de la tribu hostile. La petite troupe, partie de nuit, avait gagné, sans être aperçue, un bois qui s'étendait le long des tentes de la tribu. Pendant les solennités de la fête donnée à l'intention de M. le docteur de Similor, les Européens, se glissant à plat ventre au milieu des grandes herbes, purent s'approcher sans que leurs ennemis soupçonnassent leur présence, et tout à coup, tandis que les sauvages se livraient aux danses les plus joyeuses, vingt fusils semèrent la mort dans leurs rangs.

La tribu, surprise, fut à moitié détruite. Ceux des sauvages indiens que n'avaient pas atteints les balles des mineurs, cherchèrent leur salut dans la fuite. Les vainqueurs restèrent maîtres du champ de bataille et des tentes de leurs ennemis vaincus. Plusieurs cadavres étaient demeurés sur la place et, près d'eux, Similor lui-même qui, de terreur, s'était jeté la face contre terre. Lacroix, qui faisait sa ronde et visitait les sauvages, pensant en trouver quelqu'un dont les blessures lui permissent de tirer encore des renseignements sur le reste de la tribu, aperçut le petit homme qui remuait. Il le poussa du pied et le retourna pour voir à qui il avait affaire. Similor, au comble de la terreur, se releva sur ses genoux en criant : « Grâce ! » dans le plus pur français.

Lacroix, étonné, n'avait garde, comme bien vous le pensez, de reconnaître son singulier compagnon des jours précédents sous le costume et sous les tatouages du docteur ordinaire du chef Acataméha. Mais force lui fut bien de se rendre aux assurances comiquement bégayées par M. de Similor, qui venait enfin de trouver un sauveur dans les ennemis de sa tribu. Tout s'expliqua, et M. de Similor fut emmené, aux rires de toute la bande, dans son costume pittoresque.

Revenus aux placers, les mineurs qui avaient fait main basse sur les richesses de la tribu indienne, produits de nombreuses déprédations, furent assez généreux pour faire une petite part à M. de Similor, qui repartit pour San-Francisco sous la conduite de quelques chercheurs d'or détachés vers la ville. Ses nombreuses aventures l'avaient décidement dégoûté de la Californie. Il alla trouver le consul français, lui exposa son dénûment absolu et son désir d'être repatrié. Le consul profita d'une occasion qui se présenta quelques jours après, pour diriger le pauvre petit homme sur la France.

Je renonce à vous décrire sa joie, quand il toucha enfin du pied le pavé de Paris.

— Ah! grande ville! admirable cité! patrie de la civilisation, des bonnes manières, terre sacrée, salut! s'écria-t-il. Je reviens à toi. Je voudrais t'embrasser. Salut, Paris! C'est ici véritablement qu'on me rendra justice... et je n'aurai à craindre ni les dévaliseurs, ni les Indiens... Je suis donc rendu à moi-même!... Vive Paris! A bas la Californie!

Comme il disait ces paroles, il se trouva près d'un groupe qui lisait attentivement une immense affiche bleue annonçant le prochain départ pour San-Francisco du trois-mâts le Crésus et promettant des merveilles aurifères.

— Affreux charlatanisme ! dit M. de Similor. Gardez-vous, Messieurs, de gober ce prospectus. Sinon, il pourra vous en coûter. J'en ai su quelque chose, moi ! !

Et il se redressa, tandis que les gens du groupe, sans plus se laisser persuader par M. de Similor que M. de Similor ne l'avait été lui-même par ses amis prévoyants, haussaient les épaules et murmuraient :

— Ce monsieur a reçu un coup de marteau.

M. de Similor, cependant, avait, sinon beaucoup d'argent, du moins beaucoup d'espérances. Impossible, pensait-il, qu'un homme qui avait voyagé comme lui ne trouvât point un poste éminent.

Il écrivit à tous les ministres ; les ministres ne lui répondirent pas.

Il écrivit aux banquiers ; les banquiers s'empressèrent également de ne pas lui répondre.

Ceci étonnait M. de Similor.

— Je vois ce que c'est, se dit-il ; on craint que je n'éclaire le pays sur les dangers de ces spéculations lointaines et absurdes. Eh bien! j'emprunterai la voix de journaux.

Il rédigea plusieurs articles pour les journaux, et alla les déposer dans la boîte ; ses articles n'en sortirent pas.

Et chaque matin, M. de Similor lisait tous les journaux et se disait : « Mon article doit avoir paru. »

Au bout d'un mois, il lui fallut s'avouer à lui-même que ses essais en matière de journalisme n'avaient pas eu de succès.

Le hasard — ou plutôt la Providence — lui fit rencontrer son ancien maître de pension, excellent homme qui le recueillit chez lui comme maître d'études.

M. de Similor n'est aujourd'hui guéri, ni de sa vanité, ni de ses illusions chimériques : mais il est au moins dégoûté des voyages. Cependant il a conservé sa manie de clinquant et de bijoux de faux aloi. Il économise sur ses appointements pour se parer de chaînes et de bagues en chrysocalc : il forme sans cesse de nouveaux projets qui doivent tous le métamorphoser en millionnaire, et il raconte quelquefois mystérieusement, à ses élèves émerveillés, qu'il a été autrefois chef d'une tribu

de sauvages, qu'il est possesseur d'une délicieuse maison de campagne et de mines inépuisables en Californie.

FIN.

TABLE.

FIN DE LA TABLE.

St-Denis. — Typ. de Drouard.

9 782014 100723